Belo Horizonte
e a Invasão dos Zurungh-Xilih

Índigo

Ilustrações: Patricia Woll

EDITORA
ALAÚDE

Dados Internacionais de Catalogação na Publicação (CIP)
(Câmara Brasileira do Livro, SP, Brasil)

Índigo
Belo Horizonte e a Invasão dos Zurungh-Xilih /
Índigo ; ilustrações Patricia Woll. – São Paulo :
Alaúde Editorial, 2005. – (Série Paralelepípedos ; 3)

ISBN 85-98497-23-1

1. Literatura infanto-juvenil 2. Belo Horizonte (MG)
Ficção - Literatura Infanto-juvenil
I. Woll, Patricia. II. Título. III. Série.

05-3951 CDD-028.5

Índices para catálogo sistemático:
1. Ficção : Belo Horizonte : Cidade : Literatura infantil 028.5
2. Ficção : Belo Horizonte : Cidade : Literatura infanto-juvenil 028.5

EDITORA
ALAÚDE

Editor: Antonio Cestaro
Projeto Editorial: Marcelino Freire
Ilustrações: Patricia Woll
Capa e Editoração: Silvana Zandomeni
Texto Didático: Ivana Arruda Leite
Revisão: Joana M. M. Garcia

Rua São Paulino, 221 - Vila Mariana
São Paulo - SP - CEP 04019-040 - Brasil
Tel.: (11) 5572-9474 - alaude@alaude.com.br
www.alaude.com.br

2005
Impresso no Brasil / Printed in Brazil
Foi feito depósito legal

SÉRIE
PARALELEPÍPEDOS 3

Já que há mundos mais evoluídos,
por que eu tive que nascer justo neste?

Mafalda

Numa galáxia
não muito longe da nossa existe
um povo chamado Zurungh-Xilih.
Dizem que esses seres evoluíram dos
humanos, da mesma maneira
que o homem evoluiu
do macaco.

Os Zurungh-Xilih têm cabeças avantajadas porque usam demais o cérebro. Eles passam o tempo todo pensando. Se você perguntar a eles algo como: "E aí, beleza?", eles farão uma avaliação do dia, da semana, do mês e da vida. Pensarão se está tudo bem e, se algo não estiver bem, tentarão encontrar a causa do problema. E só então vão responder à sua pergunta, apresentando um relatório das coisas que vão bem e daquilo que vai mal. Em seguida, farão um plano de ação para remediar os pontos problemáticos. Mas, se você for um humano, você já terá mandado o Zurungh-Xilih passear. Enfim, são uns chatos! E carecas.

Homens, mulheres, crianças, todos carequinhas da silva. Há uma explicação para isso. Como você sabe, os pêlos do nosso corpo servem para nos proteger do meio ambiente. Os homens das cavernas eram bem mais peludos do que a gente porque tinham mais contato com a natureza.

Os Zurungh-Xilih não têm contato algum com a natureza. Primeiro, porque eles ficam o dia todo trancados em suas espaçonaves.

Segundo, porque eles destruíram toda a fauna e flora de Zickadhu, o planeta de onde originaram. Não sobrou nem mesmo uma margaridinha para contar história. Uma situação lamentável. E é por conta desta tragédia que nesse exato momento o comandante dos Zurungh-Xilih, o terrível Coronel Iékati, está conduzindo uma reunião da mais alta importância com seus generais. Eles estão planejando uma invasão ao planeta Terra. E o que é pior: pretendem começar por Belo Horizonte!

— Atenção! Ordem na sala! Como Coronel Superintendente Superimportante do povo Zurungh-Xilih, dou início à operação "Invasão e Captura do Planeta Terra"!

Animados, os generais gritaram em resposta:

— Uuuu! Tererê! Uuuu! Tererê!

Desde que os Zurungh-Xilih começaram a investigar a Terra, "Uuuu! Tererê!" passou a ser o novo grito de guerra dos seus generais.

O Coronel Iékati continuou:

— General Zicka, por favor, apresente aos nossos colegas sua pesquisa sobre o primeiro alvo na Terra: Paisagem Encantadora.

General Zicka ficou um pouco nervoso, pois sabia que o Coronel Iékati não gostava de ser contrariado. Disse, aflito:

— Sim, senhor, Coronel! Apenas uma correção: o nome do alvo é Belo Horizonte.

O Coronel Iékati, bravo por ser contrariado, retrucou:

— Ghar-york-lkjsf-ouurasjd! Seja lá o que for essa cidadezinha metida a besta. Belo Horizonte, humpf... Terráqueos pretensiosos... Mostre-me as imagens. Quero ver se é assim tão belo esse horizontezinho.

General Zicka abriu sua maleta de projeção de imagens e toda a espaçonave foi revestida com um papel de parede animado. Era como se a tripulação tivesse caído no meio da avenida Afonso Pena.

— UUUAAAAUUUUU!!! Fiu-fiu!

A cúpula de generais ficou extasiada com a beleza dos prédios e a quantidade de árvores nas ruas. Tudo muito limpo, bem cuidado e belo. Fazia um delicioso dia de sol e por toda parte ouviam-se passarinhos. Era como se estivessem dentro de um parque e, no entanto, aquele era o centro da cidade. Bem ali, ao pé do Pirulito, os generais se maravilhavam com a beleza da combinação: prédios antigos e modernos e o vaivém de gente conversadora e simpática.

— Não é que é belo mesmo?, comentou um dos generais.

Coronel Iékati foi rápido em censurar o comentário:

— Objetividade, senhores! Não estamos aqui para fazer turismo, ora essa... Precisamos estudar essa terrinha. Lembrem-se do nosso foco. FOCO! General Zicka, por favor, o foco.

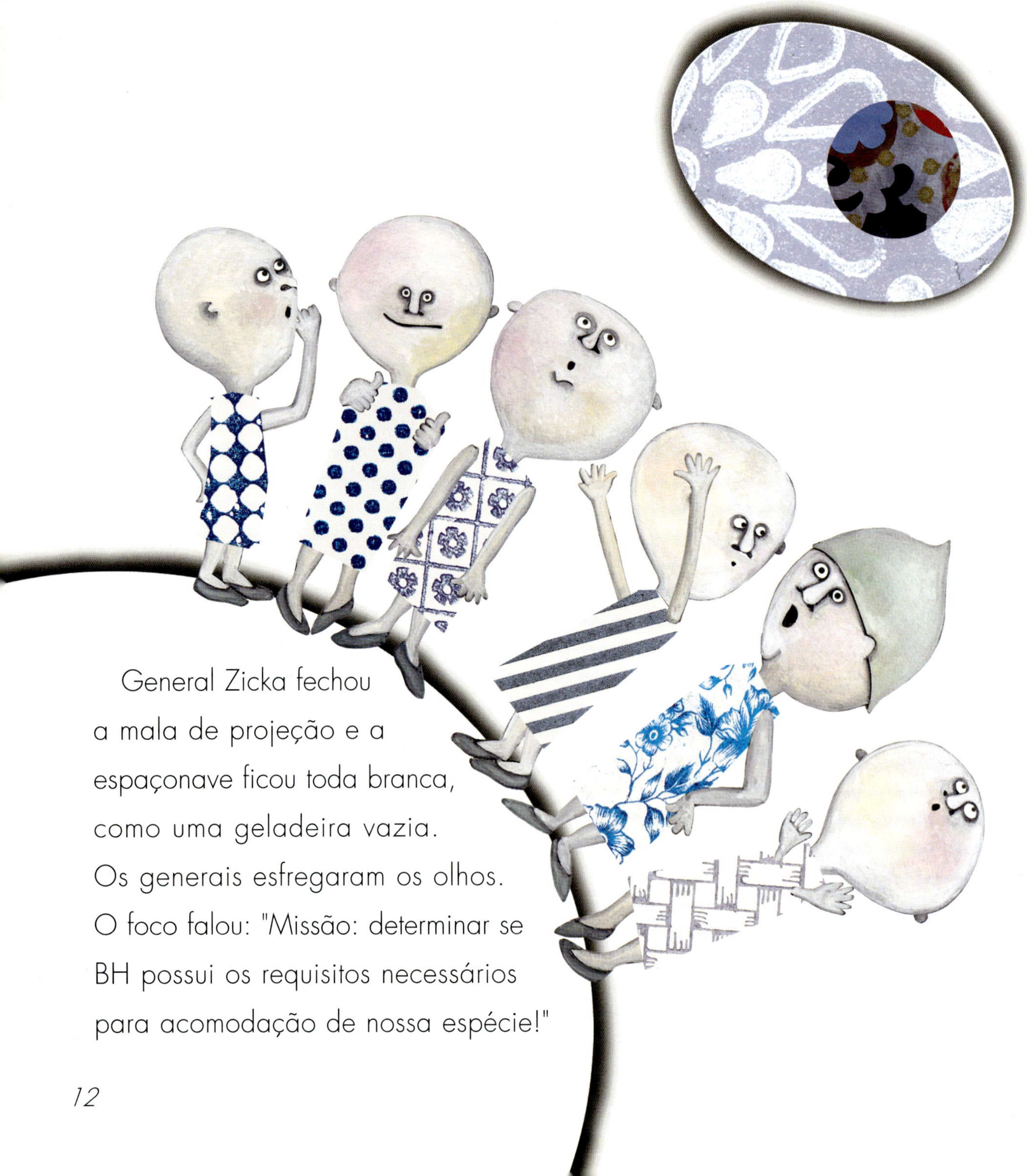

General Zicka fechou a mala de projeção e a espaçonave ficou toda branca, como uma geladeira vazia. Os generais esfregaram os olhos. O foco falou: "Missão: determinar se BH possui os requisitos necessários para acomodação de nossa espécie!"

Os generais repetiram o foco, como um bando de zumbis. General Zicka reiniciou a projeção e a cúpula de generais se viu no meio da confusão do Mercado Central.

— Não toquem em nada!, ordenou o Coronel Iékati, apavorado com a quantidade de frutas, legumes, tira-gostos, queijos, temperos, doces mineiros.

O Coronel salivava e se contorcia de vontade de provar um pouco de cada coisa.

— AAAAAAAHHHHHHH!!! Isso é tortura!!! Eu não agüento! Tire-nos daquiiiiii!

General Zicka atrapalhou-se na escolha da próxima cena. As deliciosas guloseimas de BH deixavam o Coronel fora de si. Era preciso encontrar um lugar menos apelativo, sem tantas tentações.

— Rápido!!! Eu quero esses doces-de-leite! Minha vida por um doce-de-leite!

General Zicka senti
Seu chefe estava à beir
Seu desespero era tanto
de uma das portas da espaçonave
Ali o Coronel Iékati encontrari
que estava revestida de doce-de-leite
Coronel Iékati saltou para longe da maça
piscaram e ele nada conseguiu dizer. Gen
— Estamos agora na Igreja de São Francisc
aquele arquiteto que nós abduzimos algun
Por pouco o General Zicka não disse
Percebendo a gafe, c
— E os azulejos que foram pintados com ce
Portinari. Para aqueles que não conhecem Sã
Dizem até que ele conversava com o
posso contar outra hora. E Cândid
cenas do Brasil. Era tão apai
intoxicado por suas tintas
que o Bras

s pernas trêmulas.
e um ataque nervoso.
e ele mordia a maçaneta
im! A Catedral de Boa Viagem!
az. E, num plim, a maçaneta,
i coberta pela imagem de um azulejo.
a e olhou ao redor. Seus olhos piscaram,
l Zicka forneceu a explicação necessária:
ssa é uma construção de Oscar Niemeyer,
nos atrás para projetar nossa espaçonave.
esse azulejo que o Coronel mordeu".
inuou dizendo assim:
da vida de São Francisco são de Cândido
ancisco, ele foi o santo protetor dos animais.
ichos, uma história lindíssima que eu
rtinari foi o artista que mais pintou
ado pela pintura, que morreu
m dos maiores artistas
a teve...

— General Zicka interrompeu sua apresentação ao notar algo estranho. O Coronel Iékati estava com os olhos lacrimejantes. Seria possível? General Zicka aumentou um pouco a luz da igreja e não restou dúvida. O Coronel estava emocionado com tamanha beleza. Rapidamente, General Zicka mudou o ambiente. Teve medo que, se continuasse falando de São Francisco e do grande pintor brasileiro, o Coronel cairia no choro.

Os lindos azulejos foram esverdeando e enrugando e, em poucos segundos, os Zurungh-Xilih estavam no Parque das Mangabeiras.

Um mico-estrela atravessou a espaçonave num salto e escondeu-se atrás de um tronco. Voltou, olhou rapidinho para os Zurungh-Xilih, coçou a cabeça e foi embora.

— O que foi isso?!, perguntou um general. Corremos perigo?! Não compreendo! É veloz e orgânico, algum tipo de arma moderna?

General Zicka suspirou fundo e contou até dez.

— É um mico-estrela! Um animal muito comum da região e, respondendo à sua pergunta, não... Ele não vai fazer mal a ninguém...

O general guardou sua arma
e ficou a observar a copa das árvores.
Percebeu que vários outros micos-estrelas
pulavam de galho em galho, brincalhões.
Coronel Iékati se pronunciou:
— Pássaros, árvores, bichinhos e mata nativa.
Tudo muito impressionante, mas gostaria de saber
por que deixamos Belo Horizonte e o que estamos
fazendo nesta selva? O senhor bem sabe que
não temos condição de viver em meio a esta
natureza toda. Somos evoluídos
demais para isso.

General Zicka sabia que a explicação causaria espanto entre os generais. No entanto, era melhor dizer a verdade:

— Coronel, sinto informar, mas nós continuamos em BH. O Parque das Mangabeiras fica dentro da cidade. É um parque urbano.

— Impossível! Tudo isto no meio da cidade?

— Exatamente. BH possui muitas outras áreas verdes.

General Zicka projetou cenas do coreto do Parque Municipal, a fonte e os jardins da Praça da Liberdade, a paquera animada dos jovens da Praça da Savassi, a vista estonteante da Praça do Papa, a Praça da Estação, as girafas e onças do zoológico...

— CHEGA!, gritou Coronel Iékati. Isso é um exagero!

As luzes de geladeira vazia voltaram a mostrar a espaçonave branca. General Zicka notou os olhares maravilhados dos seus colegas. Estavam atordoados e sonhadores. General Zicka nunca os vira assim, tão abobalhados.

— Não serve!, foi o veredicto de Coronel Iékati. Esta tal de Belo Horizonte é muito primitiva para nossa espécie. Tem natureza demais, muita arte, muitas guloseimas. Vocês repararam na quantidade de comida mineira? Repararam?!

— Bem, Coronel. Isto é inevitável. Afinal de contas, BH é a capital de Minas Gerais...

— Não me venha com explicações estapafúrdias, General Zicka! Não gostei! É tudo muito aconchegante. Não combina conosco. Você tem uma semana para encontrar outro alvo. Algo mais estéril e cibernético. Sem essa abundância de beleza natural. Ouvi falar de uma cidade chamada Tóquio. Veja o que há por lá.

E assim, BH, por ser o que é, safou-se de uma invasão Zurungh-Xilih. O general-condutor engatou a ré, deu meia-volta e tomou a direção de Tóquio. Sentiu uma leve tristeza ao se afastar daquela capital tão encantadora. Entendeu, porém, os motivos do seu coronel. Os Zurungh-Xilih jamais se adaptariam ali.

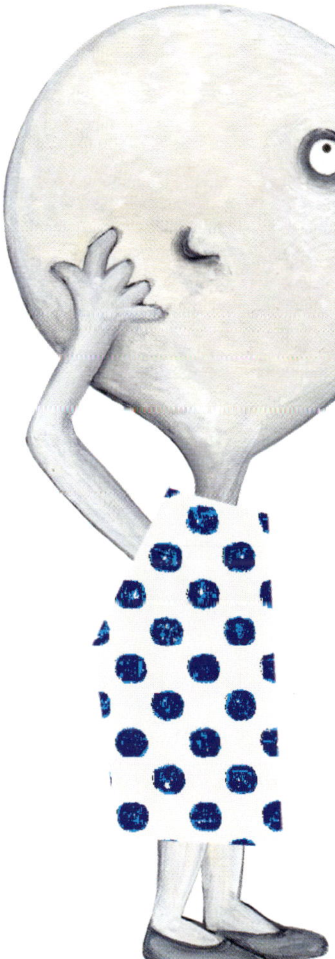

Um passeio pela cidade.

Belo Horizonte

Em 1701, o bandeirante João Leite da Silva Ortiz andava pela região da Serra do Curral em busca de ouro quando encontrou um lugar de clima ameno e terra boa. Construiu ali uma fazenda que deu origem ao povoado de Curral del Rei. Em 1889, o vilarejo passou a chamar-se Belo Horizonte e foi escolhido para sediar a nova capital do estado. Em 12 de dezembro de 1897, Belo Horizonte foi inaugurada e se tornou a primeira capital brasileira feita sob encomenda.

O POVO

Ser mineiro é quase um jeito de ser. Se o sujeito é meio quieto, desconfiado, dizemos logo que é mineiro, mesmo que não seja. Só em BH vivem 2,4 milhões de mineiros maneiros. Aliás, mineiro ilustre é o que não falta: na nossa arte (o maior poeta brasileiro, Carlos Drummond de Andrade, era mineiro), na arquitetura (Oscar Niemeyer é mineiro), na política (Tancredo Neves, Juscelino Kubitschek eram mineiros) e no esporte (até o Pelé é mineiro!). Na verdade, mineiro tem mesmo é vocação para brasileiro.

A ARQUITETURA

Se tem uma cidade onde tradição e modernidade convivem numa boa é BH. O Parque Municipal e a Biblioteca Pública Municipal, por exemplo, construídos há mais de 100 anos, são espaços vivos até hoje, sedes de importantes eventos culturais. Quanto à modernidade, basta lembrar que as primeiras obras do grande arquiteto Oscar Niemeyer estão em BH. Nos anos 40, ele e o prefeito Juscelino Kubitschek fizeram um rebuliço na cidade. A Pampulha é o seu projeto mais importante. Aí encontramos jardins de Burle Marx e painéis de Cândido Portinari na igreja de São Francisco. Precisa dizer mais?

A CULINÁRIA

Pense num leitão pururuca acompanhado de tutu de feijão, torresmo e couve bem fininha. Agora pense num frango ensopado com polenta para se comer de colher. Agora pense numa bandeja cheia de pão-de-queijo. Está com a boca cheia de água? Pois vamos às sobremesas. Pense numa mesa cheia de doces das mais variadas cores e sabores: quindim, manjar-branco, doce-de-leite, de abóbora... A comida mineira é assim, basta pensar nela pra ficar com a boca cheia de água. Comida mineira é sinônimo de comida brasileira. Ela tem gosto de Brasil.

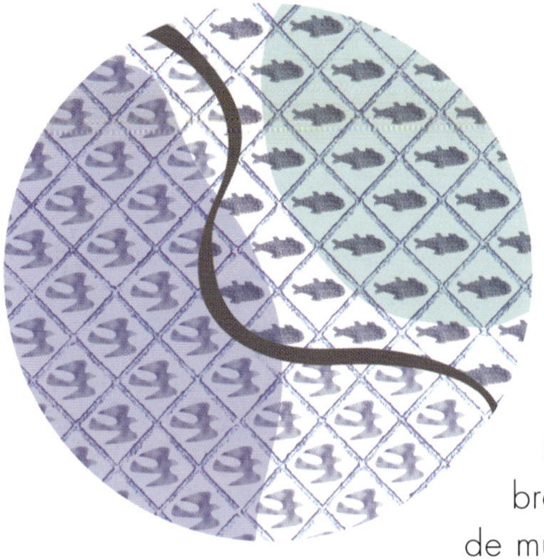

A ARTE

Minas é sinônimo de tradição. As esculturas de Aleijadinho datam do século XVIII e ainda hoje nos deixam de boca aberta. Mas engana-se quem pensa que a arte mineira só olha para o passado. O Grupo de Teatro Galpão levou o teatro para o meio da rua e revolucionou as artes cênicas no Brasil. Os grupos Primeiro Ato e Corpo encantam platéias do mundo inteiro com o que há de melhor na dança contemporânea brasileira. Na música, o Uakti figura entre os principais grupos de música instrumental e experimental do Brasil. Isso sem falar do Pato Fu, do Skank e do Jota Quest.

O LAZER

As praças e parques existentes em BH justificam o título de Cidade Jardim. O Parque das Mangabeiras é o maior da cidade. Além de oferecer lazer e diversão para milhares de pessoas, ele também é um importante centro de educação ambiental. No Mercado Municipal, inaugurado em 1929, há mais de 400 lojas de queijos, doces e quitutes mineiros. Aos domingos, a feira de artesanato na av. Afonso Pena é um espetáculo à parte. Parece que não há no mundo outra maior. São três mil expositores que formam um mar de barracas. O Mineirão é o segundo maior estádio coberto do mundo, com capacidade para 130 mil pessoas. Em 1980, o papa João Paulo II esteve em BH. Sabe o que ele disse quando olhou a praça cheia de gente e a Serra do Curral ao fundo? "Que belo horizonte!". A voz do papa é a voz de Deus.

Índigo nasceu em Campinas, SP. Toda sua família, por parte de pai e mãe, vem de Minas. São os Araújo e os Ayer. É uma das principais escritoras infanto-juvenis da nova geração. Autora, entre outros, dos livros *Saga Animal* (editora Hedra) e *Caixinha de Madeira: a Correspondência Secreta entre Branca de Neve, Bela Adormecida e Cinderela* (editora Altana). Presente em antologias de literatura contemporânea, iniciou sua trajetória em 1997, com um dos primeiros sites de literatura pop: *www.jhendrix.net/indigo*.

Patricia Woll é da Alemanha e veio para o Brasil em 1987, crente que ia encontrar um povo alegre e divertido, que vivia dançando pelas ruas, tocando e ouvindo Bossa Nova. Aí ela descobriu que as diversões aqui eram outras. Como é artista, ela tenta achar aquele colorido que imaginava que o Brasil teria. E está quase achando. Enquanto isso, ela ilustra livros como este e faz uns trabalhos para publicidade, que o aluguel tá caro. Em tempo: o marido dela, o escritor André Sant'Anna, nasceu em Belo Horizonte, para onde viajam sempre que bate a saudade.

A **SÉRIE PARALELEPÍPEDOS** é uma criação da **Editora Alaúde**.

O livro *Belo Horizonte e a Invasão dos Zurungh-Xilih*, de Índigo,
faz parte da **Série Paralelepípedos**, uma criação da Editora Alaúde.
A Série reúne um escritor de cada uma das 27 capitais brasileiras para apresentar ao público infantil
e adolescente a cidade onde ele nasceu, mora ou com a qual tem uma relação afetiva.
As próximas edições serão sobre a cidade do Rio de Janeiro e de Goiânia.

São Paulo, Brasil, julho de 2005.